경남시인선 250

초록의 나이

한우자 제2시집

돌선 경남

경남시인선 250

초록의 나이
한우자 시집

펴낸날	2025년 10월 20일
지은이	한 우 자
펴낸이	오 하 룡
펴낸곳	도서출판 경남
주소	창원시 마산합포구 몽고정길 2-1
연락처	(055)245-8818, fax.(055)223-4343
블로그	gnbook.tistory.com
이메일	gnbook@empas.com
등록	제1985-100001호(1985. 5. 6.)
편집팀	오태민	심경애	구도희
ISBN	979-11-6746-201-5-03810

ⓒ한우자

＊잘못된 책은 바꿔 드립니다.
＊저자와 협의 인지 생략합니다.
＊이 책은 한국예술인복지재단의 예술활동준비금 지원을 받아 발간되었습니다.

〔값 12,000원〕

시인의 말

아득히 먼 길이다
길 위에서 보았던
물, 풀, 꽃, 나무……
그 위에 얹었던 상념들
이제 내려놓기로 한다

좀 더
가볍게 걷고 싶다
새로운 마음으로 가는
길은 어떨지
설렌다

2025년 10월
한우자

| 차례

시인의 말 • 3

제1부 북면

가을 마중	10
가을 엽서	11
가을 오후	12
가을과 겨울 사이	13
가을, 가로수길에서	14
가을 영상	15
가을 송가	16
2015년	17
가시	18
가시나무새	19
간격	20
고향집	21
북면	22
그 여자	23
겨울 장미	24
길 위에서	25

갓바위 부처님	26
나팔꽃	28
노부부	29
네가 더 빛나길 바랄게	30
꽃이고 별이 될 아이들	31
세르파, 소년에게	32
오체투지	34
목백일홍	35

제2부 어머니

이름 석 자	38
이불 한 채	39
어머니	40
아가페	41
아름다운 상생	42
아동 요리	43
아빠 얼굴	44
아프다	45
위로	46

어른 되기	47
여인의 뒷모습	48
오월 편지	49
오월 그리움	50
안개꽃	51
안식처	52
우체국 가는 여인	53
옹기	54
용기	55
자화상	56
정말 그럴까	57
소싸움	58
책임의식	59

제3부 당신은 봄

당신은 봄	62
돌고래의 사랑	63
동백꽃	64
동짓날	65
대청소	66
목련화에게	67
목소리	68

비 오는 날	69
봄눈	70
봄눈·2	71
봄꽃	72
봄비	73
사월	74
산수유	75
새봄엔	76
산사에서	77
상사화	78
소슬바람 소묘	79
세월 가는 만큼만	80
꽃님	81
꽃병	82
흐린 가을 하늘에 편지를 써	83
인샬라	84

제4부 초록의 나이

춘추벚꽃	88
초록의 나이	89
초가을	90
청설모	91

첼로	92
춤추는 여인	93
채송화	94
채송화·2	95
첫눈 오는 날	96
동심	98
해우소 가는 길	100
홍시	101
한계	102
해양공원에서	103
학동마을	104
송년일기	105
송년일기·2	106
송년일기·3	107
카톡이나 메시지 속 마침표에 대한 소고	108
놀이터	110
송화松花를 위하여	112

평설 긍정의 모티프, 투박한 언어로 쓰는
삶의 진정성 • **공영해**(시조인)   114

제 1 부

북면

가을 마중

스멀스멀

파고드는 가을 결

새침하고 낯선

우리들 해후엔

국화 한 다발

노란 햇살 들러리

절정은

하늘에서 호위하는

고추잠자리 퍼포먼스

풀벌레들의 격정적 연주

가을 엽서

낙엽 뒹굴고
가랑잎 바스락거려요
흐린 하늘은 슬프고
파란 하늘은 맑아서 더 아파요
여우비 같은 인생 추구함 없이
여명의 날 또한 꾀함 없이
오만과 편견 따위 등지고
이해하고 배려하며
있는 그대로
서로 돕고 사랑해도 모자랄
바람처럼 짧은 생이잖아요

가을 오후

은행잎 익고 햇살 물들어
샛눈 뜨고 하늘 보면
푸른 강 흰구름들 자적

바람결 살짝 스쳐도
길 가다 넘어진 아이마냥
괜스레 투정 부리고 싶어

가로수 사이 벤치에서
나뭇잎 떨어져도
꼼짝 않는 고적한 오후

가을과 겨울 사이

나풀나풀 내려앉는
샛노란 은행잎 주단
뒹굴고 싶은 맘 종일
하릴없이 길 위에서

해마다 이맘때면 어머니
두툼하게 솜 넣어 지은 옥양목 이불
골무 낀 손으로 연신
바늘 잘 안 들어갈 땐 쓱쓱
머릿기름 묻혀 다시 또
꿰매시던 모습 삼삼해

행여 추울세라
어머니 마음까지 에워싼
그 겨울의 온기

가을, 가로수길에서

창 큰 카페에 앉아 차 한 잔 놓고
지나가는 사람들 물든 나무도 좋지만
문득, 어릴 적 객지의 오빠나 친척들에게
부모님의 무소식이 희소식이라는 말씀
그럼에도 그리워지는 특별한 계절
그 고유성으로 반추하고 성찰하니
가을 없는 삶은 얼마나 황량할지
가을 빌어 사려하고 웅숭깊으면
봄, 여름, 겨울도 영민하지 않고
가을처럼 너그러우면

가을 영상

잔디 깎은 공원 풀 냄새
달리는 차들 사이 나뭇잎들
뺑그르르 곡예를 하고
풀숲 맑은 벌레들 소리

스멀스멀 들어오는 가을 결
재채기하며 접은 소매 푸는
열나흘 달빛 아래서
누군가 떠나지 않았는지
보내지 않았는지

발신인 없는 엽서처럼 오신 가을님!
어떤 명언보다도 울림 큰 특강
오늘은 낮은 의자에 앉아
눈 감고 듣다가 숲 보며
또 귀 기울이다

가을 송가

차디찬 하늘 강
흰 구름 젖고
저만치엔 아기 나뭇잎
봉숭아 물들이고 웃어

나 다음 생엔
한 마리 새 되어
빨간 단풍나무 위
마지막 잎새와 벗할래

한 잎마저 떨어지면
수북한 낙엽 옆
보랏빛 용담으로 필래
있는 듯 없는 듯
꽃인 듯 아닌 듯

2015년

누군가 말했다
주검을 보면 그 사람
어떻게 살았는지 안다고
친정아버지, 맑은 소년의 얼굴로 평온히 잠드셨다
마치 울지 말라고 달래시는 것 같았다
십여 년 전, 친정어머니가 세상을 떠나셨을 땐
한쪽 팔이 떨어져 나간 느낌이었다
이제 아버지마저 여의니 양팔을 모두 잃은 것 같다
자연스레 고아라는 단어가 떠오르기도 했다
혼자 덩그러니 놓인 세상은 왜 그리 넓고 허전한지
그해엔 바람만 불어도 눈물이 났다

가 시

엄지발톱을
너무 짧게 잘랐나 봐요
발톱이 자라면서 피부 속을
파고들어 통증에 절룩이며
피부과엘 가요

발톱은 손톱과 다르게
일자로 잘라야 한다며 의사 선생님
직접 현미경으로 보시며 처치해요
아픔 사라지고 날 듯한 발걸음
경이에 가까운 놀라움이었어요

사노라면 대수롭지 않은 큰일 있지요
그래서 사소한 건 없다 하나 봐요
몸과 마음에 가시가 없어야
진정 행복이 찾아와요

가시나무새

평생을 가시나무 위에서 살다가
가시에 찔려 죽기 전 단 한 번의 소리는
노래인가 비명인가 아름다움일까 슬픔일까
새의 삶은 독선인가 아집인가

고독에 굴함 없이 자존감 고고하여도
아프지 않은 삶 울지 않는 생명 어디
과잉 자아, 가시를 선택한 자기방어
느슨하거나 헐렁한 자유와 평안
비움의 미학을 새에게 전할 수 있다면

간 격

사물과 사물의 틈
사람과 사람 사이
나무와 나무의 간격

세상의 모든 자연계의
틈, 사이, 간격
적당한 거리라야 아름다워요
너무 가까우면 멀어지기 쉬워요

고향집

발그레한 아기배롱나무
우뚝 선 감나무의 자존감
연못엔 잉어랑 가물치 폼나는데
영혼도 먼지 된 헛헛한 곳
어서 오란 말도
어찌 지냈냐는 안부도
볼에 닿는 쓸쓸한 바람 향까지
고스란히 진공 포장되고
공허한 마음 둘 곳 없어
연못가 사철나무 옆에 서면
내 마음 아는 듯
물끄러미 바라보는
복실이

북 면

집으로 가는 길 행복했어요
맑은 공기와 물, 산과 들
언제나 고향인 듯 푸근하지요
시내와 멀지 않고 고향의 정취 가득한데
어떤 분은 왜 그 시골에서 사냐 했지요
저는 흙냄새 맡으며 들길 걷고
산과 들 마주하는 북면이 참 좋았어요
고향 같아서 그랬나 봐요
열린 마음 이웃과의 정
온천수처럼 스미어요

봄 오면 아른아른 피어오르는 정
비 온 뒤 파릇한 쑥과 냉이 한창이지요
나물 캐는 여인들 평화 봄볕보다 따사해요
농사지은 채소와 감 늘 밝은 웃음으로
때론 현관 문고리에 걸어주신
옆집 사모님 사려와 친절
참 감사해요

그 여자

자그마한 키에
주변엔 눈길조차 안 주고
오직 앞만 보는 여자
새들 노래하고 나뭇잎 내려도
동요 없는 무표정 속 냉랭함
매일 새벽기도하고 오는 여인

고독한 순례자 같은 발걸음엔 눈이 가지만
꼭 다문 입, 내려 깐 속눈썹, 늘 똑같은 표정
꽃과 나무에게 눈길 주어도 좋을 텐데
세상을 향하여 미소 지어도 좋을 텐데
그 차가운 마음의 기도 하늘에 닿을지

길에서 우연히 만나면
'웃게 하소서'
'온기 지니게 하소서'
그녀를 향한 나의 속엣말

겨울 장미

간밤에 누가 뿌려놓았는지
샛노란 은행잎 주단 밟을 때마다 바작바작
나뭇잎에 매달린 수정 같은 얼음은
전학 가던 날 돌봄 교실 아이의 눈물처럼
뚝 떨어질 것 같은데 담장 위 빨간 장미에 발걸음 멈춰요

아침뉴스 끝자락엔 긴 생머리의 기상캐스터가
올 들어 가장 춥고 중부지방은 한파주의보래요
오가는 이 없어 적막한데 꽃의 생기발랄한 웃음
움츠린 사람들에겐 분명 힘이 될 것 같아요
우리네 인생에도 겨울 있을 테지요
하지만 영원한 건 없어요.
이 또한 지나가리라 살다 보면 또 봄 오지요

겨울장미 꽃말로 '힘내세요, 당신을 응원해요' 어떤지요
훗날 언젠가 우리 집 마당에도 소담하게 피어
지나가는 사람들 잠시라도 웃으면 좋겠어요.

길 위에서

아침마다
길을 걸으며
나를 다듬는 명상
매일 새롭게 태어나고파
마음엔 평화 얼굴엔 미소

한 발 한 발 내딛으며
마음 곳간 비우고
나만의 맑음 더하기
비운 만큼 채워질
아름다운 순간들

갓바위 부처님

'인생이란 다 그런 거야, 나도 아프다'
머리 위에 갓바위 얹고 중생의 고통 함께 하시니
바라만 보아도 은인자중, 위안이고 위로다

지난해 달력엔 흑백의 부처님이 올핸 노란 햇살을 두르셨다
흑백의 부처님은 아픔을, 햇살의 부처님은 기쁨을
흑백 사진엔 무념무상의 고요, 노을빛엔 환희와 평안
그 고요한 평안에 슬픔이 배어있다
고요하다는 건 슬픔을 안았다는 거
슬픔을 안았다는 건 그만큼 깊다는 거
부처님은 색이 다른 옷을 입었을 뿐, 변한 것이 없다
다만 내가 겉을 보고 더 아파하거나 기뻐했을 뿐
보이는 것은 허상, 본질이 아니다
껍데기로 감춘 속, 또 그 껍데기에 속는 어리석음 대신
보이지 않는 것을 보는 지혜와 통찰력 가지라고
작은 언행도 헛됨 없이 오직 진실 하라고

사람을 쉽게 판단하거나 평가함 얼마나 외람된가
어쩜 인생은 분별심을 없애기 위한 평생 정진 아닐지
진력으로 이룬다면 그가 누구든 참 성취인

나팔꽃

차마
만질 수도 없는 여린 꽃이
밤의 냉기와 어둠의 시간으로
아침이면 다시 꽃 피고
꽃피지 않음, 어둠 부족한 탓

은근한 공명
밝은 태양만 흠모하는
현대인을 향한 경종
어둠 없인 빛도 없고
어둠은 성공의 발판이기도

아프지 않고 피는 꽃 없으니
고정관념이나 왜곡된 이성보다
굴곡진 과정도 의미이고 가치
기반 되어 더 빛나길

노부부

매일 아침
꽃모자에 분홍 저고리 입고
함께 기다리다가 어른이 유치원 차에
춤추듯 올라타시고
할아버진 젊은 여성 기사님에게

"고맙습니다"
"날도 추운데 고생이 많습니다"

꼭 우리 아이들 어렸을 적
내가 유치원 차에 태우던 마음
할아버진 차가 안 보일 때까지
나이 든 아가에게 손을 흔드신다
그 옛날 내가 그랬던 것처럼

네가 더 빛나길 바랄게

이보다 좋은 격려 있을까요
이보다 좋은 응원 있을까요
이 말 하는 사람 참 고운사람
이 말 듣는 사람 참 행복한 사람
가슴 따뜻해지는 아름다운 말
또 듣고 싶은 사랑스런 말
나도 누구에게 해주고 싶은
"네가 더 빛나길 바랄게"

꽃이고 별이 될 아이들

어느 해 여름
시골길에서 본 그림 같은 학교
교훈은 꽃이고 별이 될 아이들!
태극기 걸린 낮은 교사
몇 안 되는 교실

모래흙 반짝이는 운동장
뛰놀던 서너 명의 아이들
채송화, 사루비아, 봉숭아꽃 피고
청량한 바람 순박한 웃음들 까르르

나직한 그네에 앉아
먼 그리움 흔들흔들
어느새 노을이 토닥토닥

세르파, 소년에게

선뜻 별이라고 부르련다
아프지만 한없이 빛나기에
고단함에도 현실에 순응하며 이타의 삶을

순리대로 산다는 말의 정석, 거부하지 않고 주어진 대로
슬리퍼에 종일 무거운 짐을 지고 산을 오르는 네게
편안한 운동화 한 켤레 전해주고 싶다

속절 없는 날들 위에
얼마나 많은 푸념과 중얼거림 있었더냐
유구한 세월 동안 강물은 왜 굽이굽이 흐르는지
해는 왜 동쪽에서 떠서 서쪽으로 지고 다시 뜨는지
별은 왜 그토록 반짝이며 밤 하늘을 빛내는지
세르파는 왜 매일 히말라야를 향해 걸어야 하는지
너의 눈동자는 모두의 마음을 비추었다
아주 오랜 날들이 지나야 비로소 보이고 느껴지는 것들
우리의 삶도 멈춤 없이 어딘가로 가고 있다

해맑은 웃음, 영혼, 오직 가슴이 시키는대로
새로운 경외의 대상인데 왜 이토록 아픈지
참 아름다운 영장, 세르파여

오체투지

온몸을 바닥에 던지며
가장 낮은 자세에서 우주만물에 대한 감사와
크고 작은 실수와 오만에 대한 참회를

자연과 인간 혹은 세상을 향한
간절한 절규, 아주 작아 보이지 않던 생명들
비로소 보이고 더불어 뉘우침

미물이면서 영장으로 살았음을
땅위의 생명들 무심코 밟았음을
들꽃을 꺾어 꽃병에 꽂았던 이기심을

보다 인간답고져 삶을 사랑하고져
우주의 한 점일 뿐, 그 이상도 이하도 아님을
천명하며 자신을 내려놓는 겸허한 행위

간절함의 절정이자 끝, 오체투지
하늘과 땅에 온전히 닿기를
굽어 살펴 이루어지기를

목백일홍

서른 날이 세 번
그리고 열흘토록
진분홍 꽃눈 뿌리고
두 팔 벌려 하늘 안은 나무
발그레한 얼굴로 배시시
가까이선 꽃 진 자리 주근깨
혹시라도 마음 벨까 멀직이서 바라본다

난 어린 목백일홍의 버팀목이 되고 싶다
비바람 몰아치는 날 내가 슬픈 건
자칫 쓰러질까 뿌리가 뽑히지는 않을까
어느 태풍 부는 여름 날, 작고 여린 목백일홍을 보았다
쏟아지는 장대비에 흔들리며 서있는데
차마 바라볼 수 없었다
잘 자라 굳건한 나무 아래 선 사진을 즐겨 찍으니
그저 대견한 어미의 마음인가 보다

제 2 부

어머니

이름 석 자

등본 한 통 떼었는데
눈에 익은 우리 가족 네 명 아닌 세 명
이름 하나 빠졌는데 그 상실감이란
세상 다 잃은 듯한 가슴 통증
들여다보니 딸아이가 없다
그래, 독립해서 주소를 옮겼지
전입신고 잘 됐는지 확인하며
달랑 혼자인 이름과 여백
얼마나 외롭고 쓸쓸했을까
그 허전함 알았더라면
늘 곁에 있다고 말해주었을 텐데

가족관계에서 이름 석 자는
고향 마을 입구 느티나무처럼
칫솔꽂이에 꽂힌 네 개의 칫솔 마냥
언제나 그 자리에 있는 위안, 사랑

이불 한 채

하늘에 핀 목화 따다가
우리 엄니 솜이불 하나 지었으면
오랜 세월 반닫이에 모셔 둔
빛바랜 양단 누런 옥양목 안감
떨리는 손으로 공경하며 꺼내
도톰하게 솜 넣어 굵은 실로
한 땀 한 땀
바늘 잘 안 들어갈 땐 쓱쓱
머릿기름 묻혀 또 어머니 하시던 대로

오늘처럼 푸른 날
장롱에 어머니 이불 한 채 있으면
내내 강건하고 그립지 않을 텐데

어머니

불가능을 모르는 어머니의 손은
투박하기 그지없으나
자애로워 내 안 모두를 건사하신다

등굣길에 먼저 나와
"배곯지 마라. 배고프면 사 먹어라."
주머니에 넣어주신 꼬깃한 마음 한 장

그 귓가 음성, 따스한 손길
문득 생각나 주머니에 손 넣으면
어느새 어머니 꽃길 걸어오시듯
3월의 꽃잎 밟고 내게 오시듯

아가페

아이가
저보다 큰 가방 메고
뒤뚱거리며 학교로 향하면
엄마는 이층에서 팔짱 끼고
아이가 뒤돌아볼 때마다 두 손 올려 ♡
조금 가다가 아이는 돌아서서 엄마에게 ♡
주유소 앞에선 약속한 듯 남매가
나란히 서서 한 손씩 올리면
엄마는 또 함박꽃 머리 위 봉긋
교실까지 따라온 아가페 사랑
무한 관심, 응시
가슴에 켜둔 등불

아름다운 상생

올봄 지인이 준 히아신스
물 듬뿍 주고 사나흘 지나니
가운데서 솟는 울퉁불퉁 연록의 꽃대
이틀 후 수백 개의 초롱꽃 별처럼 박혀
영락없는 진분홍 꽃 핫도그
며칠 후 꽃대 조금씩 옆으로 기울자
틈새에 나온 보송보송 아기 꽃대 두 개
곧은 몸 흰 희생 알듯 나직이 숨죽여 피고
어미꽃 몇 날 지켜보다 곧게 서려 하지만
결국 열한 시 방향에서 멈추어
다시 아기 꽃들 보며 기도하는 숭고함
서로 위해 간격 두고 작은 떨림조차
깊이 바라보고 배려하는 아름다운 상생
아기꽃을 위해 굽은 삶을 자처하는
어미꽃을 숨죽여 바라본 날

아동 요리

봉긋한
목련 꽃봉오리처럼
꿈에 부푼 웃음꽃 스물네 송이
엄마라는 삶, 잊고 지낸
이름 석 자에 얹은
오색빛 꿈

아이들에게 줄 좋은 먹거리
생각만 해도 미소 번지고
우리 집 식탁도 풍성할 것 같아
미리 먹는 행복한 포만

배움은 꿈의 문 두드림
향그런 인연들 열매 맺어 새롭길
언제라도 동심 지녔으면

아빠 얼굴

오늘 도서관에서 아이들에게 읽어준
황K 그림책 '아빠 얼굴'
독후활동 하려는데 대여섯 살쯤 된
유난히 창백한 여자아이가
"근데 저 아빠 없어요" 크게 말했다
아이들과 부모님 모두 내색지 않으려 애쓰지만
꿈나무 방에 꽤 오래 정적이 흘렀다.
나도 조용히 말을 삼켰다
'부끄러운 일 아니니 슬퍼 마라 가족 형태는 다양하다
물론 엄마 아빠가 다 계시기도 하지만 여러 사정으로
어떤 친구는 아빠만, 또 어떤 친구는 엄마 아빠가 다
안 계시기도 한데 엄마가 계시니 얼마나 다행이니'

꿈을 갖고 씩씩하게 크란 말도 하지 못했다
아이의 목소리 크고 주저 없어 위안이지만
아빠 안 계시다고 아파하지 말란 말은
잔인해서 차마 못 했다 그 어린 가슴에게

아프다

푸른 하늘도
흰 구름의 유영遊泳도
추수 끝낸 빈 밭 돌 고르는 노파도
아프다
태풍에 무너진 저수지 가는 길
토사로 뒤덮인 벌건 논
흔적 없는 누렇던 벼들 다 아프다

길은 다시 생기겠지만
들꽃 웃음 풀벌레 노래
평화로운 걸음들
일 년 내 발소리 들려준 농부의 땀
최후의 만찬을 준비하던 황금물결
추억, 정성, 허탈감 다 아프다
가을이라서 더 아프다

위 로

입구에서 홀로
일터로 가는 차량들 보며
상복 입은 사람이 피켓 들고 서 있다
"배 아파 왔는데 죽음이 웬 말이냐"
"돌팔이 내과 의사 내 마누라 살려내라"
"좋다고 해서 왔더니 사람 죽인 병원장 나와라"
또 접수처엔 빼곡한 울분의 글들 붙잡고
유족들이 망연자실 서 있다
텅 빈 들판 타다만 볏짚처럼
금방 스러질 것 같은 살아있는 주검들
호흡 곤란에 반쯤 감은 눈
바윗덩이 하나 얹힌 먹먹한 가슴
침몰하는 배처럼 어지러이 가라앉아

소리 내지 않기
있는 그대로 바라보기
그 아픔 곁에 있기

어른 되기

알면서도 때론 침묵하고
용서하고 배려하며 바라보고
자연의 소리에도 귀 기울이는
정서적 풍요와 포용
지혜와 품격 있는 언행까지

젊음이여,
설혹 어른들이 실수하더라도
그럴 수 있지 이해하는 것도
복 짓는 일임을 말해도 될지요

여인의 뒷모습

소년에게서 본
좁힐 수 없는 거리감
친구들과 축구경기 관람하다
어색한 듯 머리 긁적이며 다가와
여인이 준 돌돌 만 약봉지 받아 들고
다시 자리로 가자
교문에 얼굴 묻고 토해낸 외마디
"꺼이"
내가 들은 가장 아픈
한숨과 울음
심장에 콕!

그 후로도 오랫동안
운동장 펜스에 얼굴 들이밀고 보다가
서글피 돌아가는 뒷모습
숨죽인 꽃, 나무, 하늘
바람처럼 부는 아픔

오월 편지

물감 풀어 놓은
하늘 구름 보아요.
가슴에 새겨질 듯
산과 들도 예뻐요

물 흐르는 소리
귀에 감기고
맑은 물속 생명들
눈에 아른거려요

풀냄새 맡으며 들길 걸어요.
접시꽃 한 송이 외롭게 피었어요
도종환 시인이 생각났어요
한때 '접시꽃 당신' 참 좋았지요

오월 그리움

햇빛도
바람결도
하늘빛도
그리움이지요

먼 곳
어딜 보아도
푸른
그리움이지요

안개꽃

있는 듯 없는 듯
솜처럼 포근히
다른 꽃들 감싸고
정작 자신은 홀로여도
자존감으로 소담히

투정 없이 숙명인 듯
곁을 챙기는 배려와 애린
굳이 사람에 비유하면
성인군자라 해도 좋을
지성적 겸허한 품격의 꽃

안식처

음악, 시, 그림, 자연
늘 그 안에 있고 싶다
내 영혼의 쉼터

우체국 가는 여인

손님 같은 햇살

쌀쌀한 바람결

조심스레 받쳐 든

네모난 상자엔

무엇이 들었을까

잰 걸음으로

우체국 가는 여인

다른 건 몰라도

알 수 있는 건

정성 담아 사랑 보냄

덩달아 주섬주섬

그리움 담는 날

옹 기

치장하지 않아도
은근한 끌림
매끄럽진 않지만 듬직한
깊고 자애로운 고향
바라만 보아도 위안인
내 마음 속 어머니

용기

  동인지 출판기념회에서
  "타인의 아픔을 나의 아픔으로 여기지 않는 문학은 의미 없다"는
  어느 선생님의 말씀, 용기와 소신 놀랍고
  한 치 망설임 없는 정신적 소양 존경스러워

  글을 보면 사람을 알 수 있다
  하지만 글과 사람이 달라 혼란스런 적도 있다
  혹자는 글과 사람은 별개이니 동일시 말라고도 했다
  아무리 생각해도 난 그 말에 동의도 공감도 할 수 없다
  글의 생명은 진실인데 그럼 허구로 쓴다는 말인지
  소설이 아니고야 어찌 가능한가
  누가 뭐래도 글과 사람은 닮아야 한다
  그만큼 가슴 어린 글을 써야 한다는 말이다
  난 언제고 그가 보이는 글이 좋다

자화상

언어로 그린 나이기에
이름이 없어도 내 글임을

친구와 정담하듯 담백해
누구나 쉽게 공감하는

비 오는 날 잔잔히 흐르는
낮은 음악 같은 평온함이

꾸밈없이 있는 그대로
허물없어 더 가슴에 닿는

정말 그럴까

꽃도 오래
자세히 보아야 아름답다고
너도 그렇다고 나태주 시인은 썼다
모두가 그런 줄 알았다
그런데 그렇지 않다
오히려 멀리서 혹은
가끔씩 볼 때가 더 좋을 때 많다

아름다운 관계는 적당한 거리에 있다
가까울수록 멀어지기 쉽다
웬만한 거리라야 모든 사이가 원만하다

오래, 자주, 자세히 보아도
늘 아름다움은 아이들이다
머리부터 발끝까지 순수로 뭉쳐진 꽃
시인도 아이들을 향해 쓰셨을 테다

소싸움

우연히 인터넷에서 소싸움에 관한 기사를 보았다
소가 싸움을 안 하려 하자 사람이 코뚜레를 잡아끌어
상대의 소를 뿔로 받도록 한다
결국 두 소는 격렬하게 싸워 피투성이가 된다
생명이 조종당하는 현실을 보며
아직도 구경하는 사람 있음 씁쓸하고
여전히 소싸움이 존재하는 것도 의아하다

어릴 적 우리 집 송아지 팔던 날 어미소는 새벽부터 울었다
슬픔에 찬 울음은 지축을 흔들 만큼 처절했다
얼마나 울었는지 나중엔 울음이 산 모퉁이에도 닿지 않았다
날이 밝자 얼굴엔 흘러내린 눈물자국 선명하고 눈엔 여전히 물이 고였다
자식을 떠나보내는 어미의 슬픔이 어찌 사람뿐이냐는
영물에게 싸움을 부추겨 유혈이 낭자함을 보게 하다니

싱그러운 유월의 초록 뒤
숨은 민낯이 부끄러운 날

책임의식

가슴에 묻어 두었던
나의 이야기들을
얼떨결에 풀고

수백 번을 읽으며 이젠 그만 보자고
원고를 얼른 출판사에 보내고도
난 여전히 나의 시를 읽고 있다

말과 글에 대한 무한 책임의식
결코 주워담거나 지울 수 없기에
어느 결에 난 또 그 곁에 있다

제 3 부

당신은 봄

당신은 봄

온실 같은
앞 베란다에서
발끝을 보며
한 번이라도
달콤한 햇살이었는지

거리의 아이에게 양말을
지나가는 사람에게 붕어빵을
해바라기하는 노인에게 핫팩을

따스한 인간미
태양의 온기
당신은 봄

돌고래의 사랑

제주 앞바다에
죽은 아기고래를 업고 다니는
어미 남방큰돌고래
지극한 모성애에 먹먹하길 며칠
아기를 업은 채 유영하는
바다보다 깊은 돌고래의 슬픔
차마 내려놓지 못하고
"아가, 숨 좀 쉬어 봐"
모든 어미에게 이보다 사무친 일 또 있을지

TV 뉴스에 나오는
사람 탈 쓴 짐승만도 못한 사람들에게
돌고래가 경종을 울리며 교화하고
사람들은 부끄러이 숨죽여
동물들의 자식 사랑이나 우정
주인에 대한 충성심을 대할 때면
진정 인간은 만물의 영장인지
마음에 물음표를 그려

동백꽃

툭, 탁, 탁
얼마나 사무치면
한밤 꽃도장 찍을까

절규하듯 떨어져
가슴에 박히는
꽃 지는 소리

동짓날

발 디딜 틈 없이
북적북적
가마솥 몽글몽글 죽 끓는 소리
뿌연 연기, 서린 김
호호 불며 먹는 팥죽 한 그릇
어제 새알 빚으러 못 온 미안함
동치미 국물에 번지고
일월 이월 삼월, 십이월까지
한글로 적어 더 새로운
기다란 성주사 달력
행여 구겨질까 곧게 편 일 년
사뿐사뿐 걸음 옮길 때마다
그려지는 꿈 그림들

대청소

미뤄 오던 창고 정리하니
오래된 숙제한 기분
마음 날아갈 듯 가벼워

방 안 책상 위치 바꾸고
책과 용품들 일목요연하니
더부룩한 속 뻥 뚫린 느낌

버릴 것은 버리고 필요한 것만
집안 곳곳 무엇이 어디에 있는지
눈 감아도 손에 잡힐 듯

목련화에게

꽃을 보며 딱 두 번 심장이 뛰는 때
클레오파트라의 코 같은 뾰족한 꽃대와
필 듯 말 듯 개화를 조율 중인 찰나의 신중함
그리고 어느새 고귀함과 순결함 잃은 만신창이
두근대던 가슴 이내 싸늘하고
이기심 어루만져 달래도 내키지 않아
꽃은 적나라하게 자신을 보여주는데
마음 한 편 다 열지 못한 채 어찌 꽃을 외면했는지
사고의 유연성 강조하며 이 편협함 어찌 이해 구할지

널브러진 꽃처럼 아파야 한다.
진땀 흘리며 끙끙 앓아야 한다.
얼마나 서러우면 저 모습이랴
위로 대신 고개 돌린 무심함과 냉랭함
못 견디게 흠모했단 말은 차마 않을 테요
이 세상 모든 사물 아픔까지 사랑하자 해놓고
좋은 것만 보려한 불일치 부끄러워
새봄엔 목련화의 우아함과 처절함조차
나의 기쁨 나의 아픔인 양 안으려 합니다
내 옹색한 마음의 빚, 삼가 목련화에게

목소리

육체의 쉼이나
영혼의 정화 위해
가끔 노르웨이 여가수
시셀 슈샤바의 목소리에 푹
언체인드 멜로디나 산타마리아
돈 크라이 포 미 아르헨티나
뭐든 좋으니 흠뻑

영롱한 이슬
행여 떨어질까
먼지라도 묻을까
마음 죄며 보호하고픈
아스라한 천상의 음성
간헐적 맑은 성향에 물들어
삶도 그랬으면

비 오는 날

우리 집 기와지붕 노후로 비 샜지요
장마 오기 전 아버진 인부들 불러
은갈치 빛 함석지붕으로 교체해요
기와지붕일 땐 마루 끝에 앉아
추녀 밑 낙수 소리 즐겼는데 개량 후엔
난타 버금가는 큰 소리에 놀라요

보슬비엔 장화 신고 마당에서
동생과 우산 빙빙 돌리며 놀지요
장대비 오는 날엔 우박 떨어지듯
아니 전쟁영화 속 총성 같던
우다다닥 우다다닥 우다다닥
무서워서 얼른 집으로 뛰어들어요

큰 북 빛의 속도로 두드리면 그 소리 날까요
심벌즈를 잘게 부딪치면 그 소리 들릴까요
아련한 유년의 비 오는 날 단상 그리워요

봄 눈

2008년 3월 5일
그냥 가기 미안한 듯
새하얀 눈꽃

지금쯤 눈 바라기 할
나이 든 소녀에게
"눈꽃이 떨어져요" 적었는데

깜짝 퍼포먼스 벌써 끝
겨를 없는 겨울 인사
솜 꽃다발 건네고 총총히
떠날 때도 산뜻한
여우비 같은 봄눈

봄눈 · 2

겨울에도 보기 힘든 눈이
산과 들을 하얗게 덮고
놀라게 해서 미안한 듯 새침하다

봄을 나눈다는 춘분
2018년 3월 21일, 때아닌 눈
사진 찍기 바쁜 틈 들리는 소식들
부산엔 폭설과 강풍으로 휴교
제주엔 여객선과 항공편 결항
창원은 거리 질척일 뿐 차분하다

이상기온 기후 위기
춘분에 눈 뿌린 하늘의 메시지
손 모으고 자연 앞에 겸손히
사람들 맘 나와 같은지
누구의 소리도 들리지 않아
냉랭한 먼 산, 고요
인간을 향한 무언의 질책

봄 꽃

까만 옷깃에 꽂고픈 뾰족한 목련
혼자는 외로워 너울너울 개나리
아기 볼처럼 발그레한 진달래
그리워 축 늘어진 산벚꽃
알 수 없는 가슴 뜀 자운영꽃
한 사람을 위한 기다림 제비꽃
낮고 작아도 당당한 민들레

눈 호강도 잠시
아프지 않고 핀 꽃 없으련만
신은 왜 이리 야박하신지
어느새 지고만 꽃들 사이로
무심히 없는 한 살

봄 비

활짝 핀 꽃잎 위에
추적추적 내리는 비
새 운동화 신고
나풀나풀 걸어야 할 꽃길에
빗소리보다 큰 꽃들의 탄식
봄비가 필요한 대지
절망하는 꽃

웃음 뒤엔 어떤 이의 눈물
누군가의 희생 있으니
감사하며 널리 이롭게 살기

사 월

꽃 진 자리
배내옷 입은
이파리들
꼼지락 꼼지락
무슨 꿈 꾸었을까

산수유

물오른 가지
뽀얀 솜털

노랗게 눈 뜬
환희, 축복

얼마나 아파야
꽃으로 필까

새봄엔

작은 생명들을
위로하고 싶다
움트는 새싹
나뭇가지 새순
겨울잠 깬 동물들
잘 견뎠다
여기까지 잘 왔다
잠시라도 그들 곁에
있어 주고 싶다

산사에서

한걸음 또 한걸음
점 찍듯 탑돌이 하면
진초록 이끼 따라 돌고
곁에 있던 앉은뱅이 풀꽃들
끄덕끄덕 웃음 웃는 눈빛

고즈넉한 빈 뜰
마음 정좌하고 하늘 우러르면
흰 구름들 자적

빈손
빈 뜰
비우며 살라는
부처님 노을빛 미소
호수보다 깊은 눈

상사화

상사화 핀 담장 안에는
그리움 안개처럼 자욱할 것 같다

상사화 핀 담장 안에는
아직도 누군가 엎드려 울 것만 같다

상사화 핀 담장 안에는
어떤 이름 곳곳에 씌었을 것 같다

상사화 핀 담장 안에는
아픈 가슴으로 누군가 살 것만 같다

소슬바람 소묘

볼 수도 만질 수도 없이
오슬오슬 다가와
벌레 먹은 나뭇잎 하나 건네는 소심함
오롯이 마주해 달랑 낙엽 한 장 그려
오들오들 떨며 종이 위에 누우면
행여 어느 한구석 묻어나올지
모양도 소리도 없는 침묵의 독려
가을 철학 입문 첫 쪽 소슬바람 소묘
하릴없이 점. 점. 점. 찍다가
여백에 쓴 한 줄
가을엔 다 사랑하게 하소서

세월 가는 만큼만

어시장에서
윤기 흐르는 금빛 뱃살
무 넣고 양념간장에 오래 끓인
고등어조림 군침 돌고
신문지 접어 깔고 조심히 얹는
아주머니 정성스런 손길
감사함이 솔솔
몇 걸음 옮겨 산 은갈치 세 마리
뚝 뚝 잘라 소금 뿌려 툭, 비닐봉지에

감사와 상심의 차이
행위에 따라 달라지는 가치

한 해 두 해 세월 흘러 나이 먹으니
고등언 살이 물러 조심하지만
싱싱한 갈친 딱딱해 편하게 다룸도 알지요
자신의 무지나 얕은 생각으로
원망커나 오해하지 않는지 돌아보아요
세월 가는 만큼만 깊어져도 좋겠어요

꽃님

새파란 하늘
흰 구름들 자적

불갑사 꽃무릇
내 안에 밀려들 때 속절없음
가을 온 때문인가요
역동적이고 찬란한 아픔인가요
바람결 너울대는 붉은 파도
심장도 그렇게 휘청거려요
쓰러질까 보호하듯 고추잠자리 빙빙
벅찬 가슴, 겨운 황홀감, 아름다운 경이
어느 손끝도 범접 못 할 섬세함
나의 꽃님에게 왕관을 씌워요

꽃 병

뒤주 위
뽀얗게 먼지 앉고
눈길 주는 이 없어도
늘 그 자리에

어쩌다 씻은 유리병
마당에 핀 장미
발그레 웃던
두 홉의 진로 상표

그 언젠가
눈물 대신 삼키셨을
아버지의 정물情物
사무친 봄밤

흐린 가을 하늘에 편지를 써

  음악 그룹 동물원이 이 노래를 부를 때 참 좋았다
  김광석이 혼자 부를 때는 더 좋았다
  그가 세상을 떠났을 때 그의 죽음도 안타까웠지만 더 이상
  그의 음성으로 '흐린 가을 하늘에 편지를 써'를 들을 수 없어 슬펐다
  최근 모 방송에서 김기태라는 가수가 부르는 이 노래를 들었다
  음색이 독보적이고 울림도 컸다

  나도 흐린 가을하늘엔 편지를 쓰고 싶다
  흐린 겨울하늘에도 편지를 쓰고 싶을 때가 많다
  흐린 하늘엔 딱 꼬집어 말할 수 없는 그리움이 퍼져 있다
  하늘에 꽉찬 그리움을 달래려 편지를 쓴다
  정확한 대상이 있기보다 나를 둘러싼 사유와 읊조림이다
  흐린 하늘은 사람의 마음을 차분히 가라앉혀 글 쓰기에 좋다

인샬라

신의 뜻대로
신이 원하신다면
우리 말에 이런 뜻을 지닌 단어가 있다면
난 많이 사용했을 것 같다

내가 어릴 적 아버지는 인삼을 재배하셨다
6년을 정성껏 키우셨고 마침내 내일이면 여러명의 인부들과 함께 인삼을 캐는 날이다
그런데 그 즈음 인삼도둑이 밤마다 6년근만 쥐도새도 모르게 캐간다는 소문이 무성했다
인삼 캐는 날이 다가올수록 집안엔 불안과 긴장이 감돌았다
아버지는 밤잠을 못이루고 개 짖는 소리가 조금만 들려도 인삼밭에 나가보시곤 했다
그 밤 아버지는 몇 번을 인삼밭에 다녀오셨는지 모른다
노심초사 밤을 설치셨고 날이 밝은 새벽녘에 인삼밭을 다녀오신 아버지는 망연자실
오래도록 아무 말씀 없이 돌아서 계셨는데 아버지의 어깨가 작게 들썩였다

소문대로 밤 사이 일당들이 우리 집 인삼을 다 캐간 것이다
 차라리 소리내 엉엉 우시기라도 했으면 마음이 조금은 덜 아팠을 것이다
 그렇게 이틀인가 사흘이 자나고 침통하게 지내는 가족들에게 아버지는 짧게 말씀하셨다
 "진인사대천명, 하늘의 뜻이다 잊어버리자"
 그 후로 '인삼'은 한동안 우리집에서 금기어가 되었다
 사건을 통해 아버지로부터 난 아픔과 슬픔을 대하는 자세를 배웠다

 인샬라, 긍정의 뜻으로 기꺼이
 집착하지 않는 순리의 삶이다
 나의 신념은 진인사대천명, 인샬라를 대신 할만한 고사성어다
 인샬라와 진인사대천명은 나란히 함께 두어도 이질감이 없어보인다
 비슷한 결을 지녔기에 그럴 것이다 유유상종이라 하지 않나

제 4 부

초록의 나이

춘추벚꽃

듬성듬성
새끼손톱만 한 솜을 얹은 듯해요
낙엽은 지는데 여린 꽃잎이
찬바람과 어둠 어찌 견딜지
차마 발길 돌리지 못해요

꽃은 애써 괜찮다며 파르르
오롯한 자기 몫의 아픔
거부할 수 없는 숙명 아는가 봐요
아름다운 것들엔 버금가는 슬픔 있지요
꽃에게도 방울방울 눈물이 맺혀요

초록의 나이

삼월이 백일 된 아기라면
사월은 걸음마하는 돌쯤 된 아기
오월은 혼자서도 잘 걷는 서너 살
유월은 통통 튀는 예닐곱
칠팔월은 초록의 절정, 씩씩한 어린이

그중 사월의 초록은
넘어져 울까 봐
미리 가슴으로 안고마는
실핏줄 비치는
여리디여린
연하디연한 빛

초가을

기별도 없이
설익은 햇살로
오시려거든 당당하게
헛기침이라도 하시고
툇마루에 펴 논 햇살 깔고 앉아
하늘 우린 차 한 잔 어떤지요

심장은 뛰고 분주한데
차분히
풀 한 포기 꽃 한 송이도
뿌리 내린 의미 있으니
침묵이란 언어의 숲을
그냥 바라보아요

청설모

오솔길에
청설모 한 마리
가쁘게 인사하고
쏜살같이 달아나

집에 와도 선한
앙증맞은 자태
민첩한 동작들
누가 감히 따라 할까

청설모를 만난 날
난 종일 가슴이 뛰어

첼 로

첼로 우는 소리를 들었다
경쾌하게 달리는 소리도 들었다
낄낄거리며 웃는 소리도 들렸다

연주자는 눈을 감고 흐느끼듯
현란하게 때론 서정적으로
그의 아버지는 눈을 감고 편안하게
그의 어머니도 눈을 감고 행복한 통증을
나도 살며시 눈을 감아보았다
인간의 감정을 가장 잘 표현하는 악기
연주자의 표정은 깊은 가슴의 말
그 울림은 반쯤 눈을 감고
반쯤은 뜬 눈이어야 스며든다
그래서 난 눈을 감지 않기로 했다

굳이 첼리스트가 된 이유를 알 것 같다
이젠 첼로의 크기에 의문을 갖지 않는다

춤추는 여인

차들이 쌩쌩 달리는 길가
빨간 앞치마를 두른 낯 고운 여인이
지나가는 자동차 운전석을 일일이 보며 춤을 춰
무슨 사연일까 덜컹 내려앉은 가슴
아름다운 과거도 아픈 현재도 모른 채
오직 발랄하고 앙증맞게 몸을 흔드는
갓 육십을 넘겼거나 안 된 것 같은
어른이의 해맑은 웃음, 동작
샛노란 은행잎 눈물로 축축하고
출근길, 사람들은 땅이 꺼질 듯
아픈 숨을 토해낸다

채송화

화분에 꽃 피던 날
작은 속삭임 들리진 않고
실바람에 도리도리
빨갛던 얼굴

아침이면 함초롬히
저녁엔 졸려요
비틀대던 아기 꽃이
이젠 아장아장 걸음마를

스러지면 어쩌나
조이던 마음
이제 시름을 놔

채송화·2

화단에 채송화가 방긋
어느새 나도 웃고 있다
웃음을 선사함이
얼마나 큰 자비이며 공덕인지
꽃을 심은 이웃에게 감사하다
집에 오는 길 꽃은 안 뵈고
줄기만 뙤약볕에 흐느적흐느적
작고 여린 것에 대한 연민
하지만 어떤 웅대함도
처음부터 크진 않았다
그렇기에 사소한 건 없다

첫눈 오는 날

사알살
은총이 내리네
힘들고 지친 이들 위로하며
포근히
안개꽃처럼 나풀나풀
꿈꾸며 오다가
동백꽃처럼 툭

나부끼는 눈발 사이
잇몸 웃음
앙고라 스웨터 불룩한 주머니
새벽마다 정화수 떠 놓고
손 모아 비시던 할머니
이름 난엔
전씨田氏 달랑 두 글자였지

가물가물한 어릴 적 기억
내리다가 녹는

하모니

고미술품 다루듯
들숨 쉬고 날숨 삼키며
내 소릴 내지 않는 하모니

통통 튀어야만
존재감 있을 것 같지만
화합하면 더 아름다워요

서로 다름 인정하고 존중하며
있는 그대로 어깨동무
'우리'라는 어울림 참 좋아요

동 심

난 종종
'회상'
'아니 벌써'
'내 마음에 주단을 깔고' 등
김창완 밴드의 노래를 즐겨 듣는다

그리고 아이들과 함께 불렀던
'꼬마야'
'개구쟁이'
'산할아버지' 등을 추억하며 아이 마음을 가져본다
'개구쟁이'는 2022년 그림책으로 재탄생해
그의 동심과 순수를 그대로 담아냈다

'어머니와 고등어' 또한 명곡이다
꾸밈없는 노랫말을 말하듯 편안히 불러 마냥 좋다
사랑과 이별의 감정이 아니어도 얼마든지 자기다운
노래를 만들고 부르는 그의 독창성에 이끌린다
언젠가 방송에서 그는 말했다
"자신의 노래에는 사랑이란 말이 거의 없다"고

사랑은 그 자체로 아름다우나 소재의 대동소이를 지양한다
 자신만의 고유한 개성과 창의적 표현이 핵심 가치인 셈이다

해우소 가는 길

대웅전에서
해 찬 뜰 지나
돌계단 내려오면
가지런히 항아리 놓이고
꽃들 정겹게 웃음 웃는
어릴 적 고향집 뒤란 같아
더 가고 싶은데 이미 다다른 아늑함
운 좋게 어머니 장 뜨러 나오실까
머뭇머뭇 돌아보는 설렘

동무들과 술래잡기하다 해 저물면
마당에서 부르시던 어머니 음성 들리는 듯
지금쯤 봉숭아 맨드라미 한창일 테지
키 큰 칸나꽃은 얼마나 붉을까
가만가만 걷고 싶고 가슴 촉촉해지는
어머니 그리우면 뛰어 올라가
기다려도 좋을 성주사 해우소 가는 길

홍 시

젊음엔 몰랐는데
이제 가슴에 드는 까닭은
어미 돼서야 알고
떠나시고 나서야 보는
어머니의 심연深淵

노화로 치아 상실한 아버지 즐기셨는데
정작 어머니가 생각나는 이 별난 감정
늦가을 시장 좌판이나 감나무를 보면
온 대지에 퍼지는 잔잔한 그리움
뼈조차 무른 희생과 헌신

잊을 새라
가끔 라디오에서 흘러나오면
멈춰서 듣다가 터덜터덜 걸어가요

한 계

바로 앞 1톤 트럭 위
하얀 개 두 마리 어쩜 그리 닮았는지
지금 어디로 가는 걸까
라디오에선 내일이 복날이란다
혹시나, 진심으로 아니길 바라는데
한 마린 이미 하늘에 운명 맡기듯 허공을
또 한 마린 발 하날 난간 위에 올리고
정차 때마다 발을 내리려다
고정한 짧은 끈에 절망하지

두 생명이 존중되기를!
간절한 나의 바람 비웃듯 급히 변경된 차선
체념한 눈빛, 발을 내렸다 올리는 불안한 몸짓
만물의 영장이라면서 왜 다른 생명을 옥죄고
때론 속수무책이어야 하는지
위기에 처한 동물 하나 구하지 못하는
나약함 못내 쓸쓸해
왜 인간은 만물의 영장인가

해양공원에서

은빛 물결 사이
몰려오는 그리운 낯들
머리 위 바닷새 한 마리 날면
추억 쏟아지고 파고는 절정

산책로에 하얀 냉이꽃
제비꽃은 누굴 위해 필까
무슨 말 하려는 걸까
의미 없이 뿌리 내리거나
꽃피지 않을 텐데

그리움 동동 밀려오다가
살랑살랑 멀어지다가
또 파도에 밀려오는
얼굴, 얼굴들

학동마을

알을 품은 학의 모양
경남 고성 학동마을 보랏빛 등꽃 앞에 서면
세상 다 가진 듯 넉넉한 맘이에요
살면서 묻은 티 오간 데 없고
어깨의 짐마저 내려주는 돌담에선
무심한 웃음 사진 한 장 꼭 찍으셔요

매사 최영덕 고가엔
수령 250년의 동백나무 후원 지키고
연리지 모과나무 회화나무와 벗해요
맑은 향 오수에 빠진 풀꽃들
병아리가 종종걸음으로 다가가면
햇살도 일어나 금빛으로 부서져요
장수, 부귀, 다남을 상징한
두레박만 드나든 맞춤 화강암 우물은
사람보다 소중한 건 없단 견고한 메시지
불변의 진리 당연해 간과하진 않는지요
뜰 안 가득 생명존중 정신 가득해요

송년 일기

한 해를 잘 살았다고
홀로 산 것은 아니지요
좋은 인연들 덕분이니
곁에 있거나 소식 뜸한
이웃들에게, 고마워요

따뜻한 양말 한 켤레라도 나누면 좋을
산타할아버지 그려진 쇼핑백 예쁜 날
소원했던 벗 찾아가요
밥상 앞에서 김치를 찢어주던 님
어머니가 생각나 뭉클했지요

파르르 떠는 한 해 손에 쥐면
고마운 맘 못 전한 임들 홀연히
우리 집 아랫목에 그분들 모시고
종일 세상사는 얘기 나눔 어떨지요

송년일기 · 2

삼백예순 날을 회상해요
평범하지만 한 올 한 올 실을 엮듯
최선을 다했으니 후회는 없어요
다름에 대한 이해와 존중으로
상대 중심의 생각도 해보곤 해요

우리 아이들이 서로 배려하며
누구와도 비교 않고 행복하길 바라요
겸손하되 진취적이고 역동적이어서
주변 사람들 힘 나게 해도 좋지요
세상 사람들 모두 나 아닌 우리 되어
우정 깊은 나날이면 참 좋겠어요

송년 일기 · 3
―2014년

먹먹한 일들 많은 한 해
세월호의 침몰 가장 아파요
지금도 생각하면 숨 막히지만
슬픈 맘 유족들에 비할 수 없지요
희생된 학생의 아버지 손 잡아주신
교황님 자애로운 눈 오래 기억할래요

세밑엔 고맙고 미안한 사람들 생각나요
미안함은 고마움보다 쉽게 잊히니
먼저 전화해 사람 냄새 풍김 어떨지요
만남엔 적당한 거리 있어야 한다지요
아름다운 거리, 자칫 소원하게 느껴져도
오래 좋은 만남 위함이니 유연하게
나무 아닌 숲 보는 지혜 어떨지요
말, 행동, 감정 절제하면서요

카톡이나 메시지 속
마침표에 대한 소고

  난 마침표에 알레르기가 있다 지면에 실릴 글이 아니면 찍고 싶지 않다 문장부호의 사용 규칙을 알지만 마침표에 대해선 생각이 많다 누가 꼬박꼬박 마침표를 찍어 문자를 보내오면 숨이 턱 막힌다 상대의 마음을 열어주고 싶고 아무리 좋은 글이어도 읽는 내내 답답하다

  마침표는 왠지 틀에 갇힌 부동의 이미지다 더욱이 작고 좁은 휴대전화 안에선 정서적 유동마저 제한한다 자연스레 흘러야 할 물길에 괜한 둑을 쌓아 가두는 격이다 또 마침표가 주는 시각적 정서는 철두철미한 완벽함이다 경계가 확실한 선, 벽, 담처럼 느껴져 여지가 없다 말과 글은 자기 감정이나 사고의 표현인데 마침표는 이를 제어한다 이런 역기능에 대해 일상적 사사로운 글에선 찍지 않고 그냥 비워두면 어떨까

'여백의 미'란 말이 있는 것처럼 사람도 어딘가 빈틈이 있어야 정겹고 그립다 여백은 아무것도 없음이 아니라 무한가능의 의미다 보는 이의 감정과 생각을 채우도록 배려하는 마침표의 생략 비워둠으로 더 많은 것을 담는 잠재력과 소통의 확장이다 결국, 무진한 표현을 돕는 열린 마음이자 인간미이기도하다

 물론 객관적이지 않은 나의 짧은 소견이다 진정한 바람은 꼭 찍어야 한다는 강박에서 벗어나고 창작자의 유연함과 유려함이 존중되는 환경의 제공이다 혹시 모를 누군가의 감정이 잠시라도 정체되거나 열린 사고가 마침표에 걸려 닫히면 아쉽지 않은가

놀이터

텅 비었던 아파트 놀이터가
네 다섯 시가 되면 아이들과 부모들로 문전성시다
유치원이나 어린이집에 갔던 아이들이 하원하면
곧장 집으로 가지 않고 놀이터로 오는 것이다
마치 운동회라도 열린 것처럼 시끌벅적하다
요즘엔 눈에 띄게 할머니 할아버지의 모습도 많이 보인다
아이들은 뛰거나 기구를 이용하니 대근육이 발달하고
엄마 아빠들은 지켜보다가 필요할땐 얼른 달려가서 돕는다
아이들은 사랑을 먹고 크며 놀면서 배운다
놀이터는 이제 아이와 부모를 위한 열린 방과후 교실
공동체의 삶을 배우고 실천하는 친교이자 부모교육의 장이다
아이는 친구와 상호작용을 하며 규칙이나 해서는 안 될 행동 등을 배운다
덕분에 서로 배려하며 자기감정을 조절하고 친구의 감정도 존중한다
나만큼 타인의 소중함을 아는 가슴 뜨거운 현장
주입하지 않고 몸소 배우니 그야말로 전인교육의 명소다

또 부모는 육아 중 직면하는 여러 일들에 대해 의견을 나누고
필요한 정보를 공유하니 힘이 난다
난 오늘도 웃음으로 그들을 응원한다

송화松花를 위하여

문학이란 가슴 떨림으로
때론 눈 비비며 하품도 하며
시간 가는 줄 모르고 경청했지요
시처럼 살고팠나 봐요
소나무가 늘 푸르다고
흔들림 없는 건 아닐 테지요
오랜 날 함께 했으니 더 배려하며
쾌히 수용하는 아량이지요
같은 듯 다른 색깔로 금빛 언어
송홧가루처럼 뿌리고픈 글벗들에게
글보다 사람이 먼저 되란 가르침 잊지 않아요
내가 감동하는 글이어야 독자가
읽어 준다 하셨기에 읽고 또 읽어 보아요
어느새 강산이 두 번
세 번 네 번도 올런지요
모쪼록 오래 좋은 글 쓰도록 해요

＊소나무5길문학회 20주년에 부쳐

평설

긍정의 모티프,
투박한 언어로 쓰는
삶의 진정성

공영해 시조인

| 평설 |

긍정의 모티프, 투박한 언어로 쓰는 삶의 진정성
―한우자 시인의 시세계

공영해 시조인

1. '고결'한 '자화상' 엿보기에 앞서

강화도에서 나고 자란 시인 한우자는, 2008년《문학세계》신인문학상으로 등단하고 창원문인협회와 경남문인협회', 동인 '소나무5길'에서 활동하는 중견 시인임에도 등단한 지 17년이 되도록 시집을 내지 않고 있다가 지난여름 첫 시집《나무의 언어》(도서출판 경남, 2025)를 발간한다. 시인들 대부분이 등단한 지 일년도 안 되어 보란 듯 시집을 펴내는 풍조에 비하면 퍽 겸손한 시인이다.

시인 한우자에게 시란 무엇인가. '시'에 대한 정의를 유명 이론가들의 개론적 진술보다 시인의 말에서 찾아본다. 그의 작품〈시〉(《나무의 언어》. 37p)에 의하면 시란 '고결'한 정신세계의 산물이다. "아파도 아프다 쓰지 않고/ 슬퍼도 슬프다 하지 않는" 절제미의 승화요 "오래 품었던 말의 결정結晶"이며 "언어의 정수로 빚은 자화상"이다. 그러므로 시는 쉽게 평가할 수 없는 개인의 역사이며 이성과 감성의 파노라마이다. 그러면 이러한 고결한 정신세계를 절제미로 승화시킨 시를 한우자 시인은 왜 쓰는가. 첫 시집《나무의 언어》시인의 말에서 "가슴 뛰는 모국어를 잊지 못해" 시를 쓴다고 밝히고 있다. "사는 동안 아름다운 우리말과 글을 더 사랑하겠다"는 우리말 사랑의 고백은 투철한 시인정신이다. 물론 시인이라면 자신이 나고 자란 모국의 말을 사랑해야 하지만 그의 이런 고백은 결기 이상의 믿음으로 우리는 받아들여야 한다. 시는 "내 영혼의 쉼터"인〈안식처〉이므로 "늘 그 안에 있고 싶"어 시를 쓰는 것이다.

한우자 시인의 시작 태도를〈가슴으로〉(《나무의 언어》. 16p)에서 본다. "손으로도/ 머리로도 쓰지 않은/ 가슴의 말"을 "일기를 적듯/ 편지를 쓰듯/ 독백을 하듯" 쓰며 "세상도 가슴으로 살고/ 사람도 가슴으로 만나/ 가슴으로 함께하고 싶"다고 밝히고 있다. 또 시인은 시로 쓴〈자화상〉을 보여준다. '자화상'은 곧 '한우자의 시'이다. 시는 시인의 얼굴이요 마음이기 때문이다. 자화상을 그림에 가식적 수사는 필요치 않다. 말을 비틀고 꺾어 '나'의 생각이나 모습을 있는 그대로 그려내지 않는다면 그 자화상은 한우자 시인의 얼굴이 아니다. 한우자 시인의 시는 지나친 기교를 거부한다. 간혹 서술어 생략으로 감정의 흐름이 원활하지 않을 때도 있지만 이는 사고의 과잉적 흐름을 차단하기 위해서이다. 그의 자화상은 "언어로 그린 나이기에/ 이름이 없어도 내 글임을// 친구와 정담하듯/ 누구나 쉽게 공감하는// 비 오는 날 잔잔히 흐르는/ 낮은 음악 같은 평온함이// 꾸밈없이 있는 그대로/ 허물없어 더 가슴에 닿는" 시, 그러니까 '친구와 정담하듯/ 누구나 쉽게 공감하는' 그런 시를 쓰겠다는 자기와의 약속이다.

첫 시집을 발간한 지 석 달 만에 두 번째 시집 《초록의 나이》를 낸다고 한다. 그동안 써 놓은 시편들을 시집 한 권에 다 담아낼 수는 없었던가 보다. 그는 시인이기 이전에 어머니이며 유치원 교사와 동화구연가로 다년간 사회봉사에 전념해 온 시인임을 인지하고 우리는 그의 시를 만나야 한다.

교사로서의 체험이 무르녹은 맑은 영혼의 노래가 궁금해진다. 봄, 가을 만나는 산, 강, 들의 수많은 꽃들과의 교감으로 얻은 초록빛 순수 서정의 시편들은 어떤 모습으로 나타날까. 첫 시집을 내는 시인이면 누구나 즐겨 다루는 사향思鄉의 수묵화와 사친思親의 애틋한 정이 한우자 시인의 시편에서는 어떤 그림으로 노래될까. 세기를 넘어 지역 문인으로 살아온 시인 한우자의 삶은 어떤 모습으로 그려지고 있으며 우리가 지고 가야 할 현대인의 고뇌는 어떻게 극복하고 있을까.

이러한 점에 관심을 가지고 한우자 시인의 시세계를 살펴보기로 한다. 시집《초록의 나이》이전에 발간한 첫 시집《나무의 언어》의 작품까지 살펴 한우자라는 시인의 시적 관심사가 어디에 있는지 그의 세계를 정독하기로 한다. 따라서 첫 시집의 작품도 다수 인용함에 대해 양해를 구하지 않을 수 없음을 밝힌다.

2. 고향, 그 쇠죽 냄새에 대한 기억

    햇빛도/ 바람결도/ 하늘빛도/
    그리움이지요

    먼 곳/ 어딜 보아도 푸른/
    그리움이지요

                           —〈오월 그리움〉 전문

'그리움'은 '어떤 대상을 좋아하거나 곁에 두고 싶어도 그럴 수 없어서 애타는 마음'이다. 시인이 아니라도 누구든 그리움을 가슴에 안고 산다. 한우자 시인은 '그리움'을 "햇빛"과 "바람"과 "하늘빛"에서 찾고 있다. 햇빛 밝은 날의 기억들, 바람 부는 날의 흔들리는 기억 몇 줄, 오월 하늘의 푸르고 싱그러운 날의 기억들이 모이고 곰삭아 시가 되고 사랑이 되는 것. '햇빛', '바람', '하늘빛'은 자연의 환유이며 원형적 미학이다. 발랄한 젊음의 환희 같은. "먼 곳"은 고향 같은 곳, "어딜 보아도 푸른" 평화요 아득히 먼 그리움이다.

이 그리움을 먼저 사향思鄕이라 하자. 한우자는 첫 시집에서 고향 나들이를 자주 한다. 〈어미 소〉(《나무의 언어》, 84p)가 있는 고향은 어떤 곳일까. 시인의 고향을 찾아가 본다.

장에 가신 아버지 급히 오시고
외양간 앞 서성이는 어머니 주름살
마루 끝에 걸터앉아 본
병풍 같은 초록의 경건함

탄생의 환호, 웃음, 안도
곧장 일어서 어미젖 빠는 경이
새끼 안 뵈면 온 산에 퍼지던 울음
송아진 잰걸음으로 발랄하게 때론 겅둥겅둥 뛰지
송아지 파는 날, 아침부터 큰 눈 껌뻑이며
하늘 향해 꺼이꺼이, 한밤중에도 홀로 애끓는 울음
물도 여물도 먹지 않고 사흘이 지나서야 겨우
쓰윽 한 번 핥고는 고개 돌려 먼 산 보며 또 울지
앞산 중턱도 못 오른 작고 짧아진 음성

어머닌 그렁그렁한 눈으로 곁에 계시고
난 어렴풋이 그 눈물 나는 모성을 알게 되지

겨울날, 아버지 작두로 숭덩숭덩 썬 콩깍지랑
쌀겨 넣어 끓이는 아궁이에 장작불 피면
가마솥에서 나온 김 뽀얗고
좋은 건지 싫은 건지 알 수 없는
쇠죽 냄새 맡으려 난 부엌을 드나들지
―〈어미소〉 전문

  송아지 태어나는 날의 기억이 생생하다. 집안의 큰 경사이다. 판소리 가락처럼 흥미롭다. '나'는 그날, 생명 탄생의 경이감을 잊지 못한다. 긴장, "환호, 웃음, 안도"의 분위기 속에 송아지는 태어난다. 그날의 기쁨에 이어 송아지 팔던 날의 기억은 강렬한 인상으로 남아 잊히지 않는다. "잰걸음으로" "겅둥겅둥 뛰"며 재롱을 부리던 귀엽던 송아지를 팔던 날 어미소는 "아침부터 큰 눈 껌뻑이며/ 하늘 향해 꺼이꺼이, 한밤중에도 홀로 애끓는 울음" 울어댔지. 그 짐승의 애끓는 울음 소리. "물도 여물도 먹지 않고 사흘이 지나서야 겨우/ 쓰윽 한 번 핥고는 고개 돌려 먼 산 보며 또 울"던 어미소의 숙연한 모성. 그 모성을 '나'는 지금도 잊지 못하는 것이다.
  지금도 그 겨울을 잊지 못한다. "아버지 작두로 숭덩숭덩 썬 콩깍지랑/ 쌀겨 넣어 끓이는 아궁이에 장작불 피"우시는 모습 눈에 선연하다. "가마솥에서" 뽀얗게 나는 김, 그 쇠죽 익어가는 냄새 잊지 못하지. 그 냄새가 좋은 건지 싫은 건지 그 당시엔 알 수 없었지만 "쇠죽 냄새 맡으러" 부엌을 드나들던 '나'의 모습을 잊지 못한다.

  농경 사회의 일상적 삶의 모습이지만 그것은 구수하고 건강한 향토미로 다가온다.

  〈고향〉(《나무의 언어》, 99p)이란 시가 있다. "꿈틀꿈틀 봄 오"면 "풀냄새 번진 향그런 들길" 걸으며 "고무신에 물떠 구멍" 채우면 "왕관 같은 뿔 달고 위엄 있게 나오"는 쇠똥벌레를 장난감 삼아 종일 놀던, "개울에서 바지 걷어 올리고 맨발로/ 돌멩이 살짝 들면 꼼짝 않던 가재/ 새우와 송사린 요리조리 빠지지/ 모래알까지 환히 보이는 순수純水/ 까르르 까르르 물결 같은 웃음들" 웃던, "길옆 소담한 찔레꽃/ 윙윙 벌들의 잔치, 잠자듯 고요한 나비/ 꽃향기 맡으며 자분자분 황톳길 걸으면/ 평온한 우리 집 저녁연기 머리 풀 무렵" "풀물 든 갈래머리 소녀"가 "노곤히 벗어 놓는 댓돌 위 신발"이 있는 고향은 그리움의 영상이다. 자연에 동화되어 살던 갈래머리 소녀의 건강한 모습을 노래한 작품이다.

  또 다른 유년을 〈고향 2〉(《나무의 언어》, 100p)에서는 이렇게 그리고 있다. "도토리 주우러 산에 가는/ 고모와 어머니"에게 떼쓰며 따라간 "울퉁불퉁 좁다란 산길"을 늘 웃음으로 추억했으나 지금은 "개발이란" 명분하에 무한 공허의 길"로 되고 말아 발버둥치며 소리쳐 울고 싶은 고향이다. "황석어젓에 태양초 고추로 버무린/ 어머니 맛깔난 김치 삼삼한데/ 그림 같던 고향은 오간 데 없이/ 다단한 길과 정처 없는 건물들/ 마음 둘 곳 없는 낯선 풍경 사이로/ 영원한 건 없단 진리만이" 나의 "텅 빈 가슴에" 황량한 바람을 일으킨다. 고향의 이미지는 세월이 가도 늘 삼삼한 풍경으로 살아나나 보다. 변해가는 고향의 모습이 안타깝다.

3. 모정, 그 투박한 손의 자애

시인에게 그리움의 언어는 어머니와 고향이다. 〈거울 앞에서〉《나무의 언어》. 24p)를 만나본다.

> 어느 날
> 거울 앞에서
> 깜짝 놀라 바라본
> 어머니 얼굴
> 반가워 뚫어지게 바라보다가
> 서글피 고개 돌리며
> 가을엔

하늘도 덩그러니 쓸쓸한가 보다
어머니도 안부가 궁금하신가 보다
하늘도 땅도 다 그리운가 보다

―〈거울 앞에서〉 전문

"어느 날/ 거울 앞에서" 화자는 "어머니 얼굴"을 만나고 깜짝 놀란다. 거울 속의 어머니 얼굴이 "반가워" 화자는 "뚫어지게 바라보다가/ 서글피 고개를 돌리"고 만다. '어느 날'은, 아마도 화자의 생물학적 나이가 생시의 어머니 때 정도된, 문득 어머니가 그리운 날이다.

거울 속에 비친 어머니 얼굴은 화자 얼굴의 반영이다. 모전자전. 나의 얼굴을 통해 어머니를 만나는 상황 아닌가. '서글피'는 심리적 반응─자아의 녹록지 않은 삶의 반응 아니겠는가. 어머니가 지고 온 고단한 삶을 거울 속 자아의 얼굴에서 만남이 서글펐을 것.

8행 "하늘도 덩그러니 쓸쓸한가 보다"는 가을이 되자 덩그러니 비어 있는 하늘, 그 하늘을 보며 느끼는 자아의 공허감을 화자는 어머니가 느끼는 것처럼 능청의 여유를 보인다. '덩그러니'는 자아의 공허감을 보여 주는 말. 9행 "어머니도 안부가 궁금하신가 보다" 또한 화자의 능청이다. 어머니 안부가 궁금한 자아의 내면이다. 마지막 시행, "하늘도 땅도 궁금한가 보다"는 '그리움'의 확장. 하늘만큼 땅만큼 어머니가 그리웠을 터. 그럼 어머니는 어떤 인물이었을까.

"연탄불이나 석유곤로 위/ 보글보글 넘치게 끓던", "구수하고 매콤한 국물"이 일품인 "김치찌개"로 "송글송글한 행복"을 〈김치찌개〉(《나무의 언어》, 37p)로 저녁 밥상에 차려 내 주신 분이다.

〈감자꽃〉(《나무의 언어》, 50p)에서 어머니는 "치가 떨리는" 전쟁을 체험한 세대이다. "감자꽃이 피면 전쟁 난다더라"는, 누가 한 말인지는 모르는 유언비어에, 그 여름 "쏟아지는 햇살 아래서도" "여덟인지 아홉인지 모를" 어린 딸, 가족들의 안녕을 염원하며 "감자꽃이 피지 않길 바라"며 기도하시던 어머니의 간절함으로 결국 전쟁은 일어나지 않아 오늘날의 평화를 누리며 살고 있는지 모른다.

〈유년의 기억〉(《나무의 언어》, 51p) 속에서 만난 "어느 해 추석 대목장"의 에피소드 하나. "종일 기다린 장바구니에 내 옷 없어 울"자 "어머닌 한 눈 질끈 감으시며/ 옷 많"이 있는데 샀다고 "할머니 역정 내실까 봐/ 고모 집에 두고" 왔다는 어머니의 사랑— "빨간 스웨터와 까만 주름치마"를 입고 "잘 때까지 벗지 않고 싱글벙글하는 내 모습에/ 할머니"도 "당신 호사인 양 잇몸웃음 웃게 한 어머니의 슬기로운 사랑을 잊을 수 없는 것이다. 이렇게 첫 시집 《나무의 언어》에서 만난 어머니에 대한 화자의 다양한 감정의 결이 이제 시집 《초록의 나이》에서는 어떤 결로 나타날까. 〈어머니〉를 본다.

불가능을 모르는 어머니의 손은
투박하기 그지없으나
자애로워 내 안 모두를 건사하신다

등굣길에 먼저 나와
"배곯지 마라. 배고프면 사 먹어라."
주머니에 넣어주신 꼬깃한 마음 한 장

그 귓가 음성, 따스한 손길
문득 생각나 주머니에 손 넣으면
어느새 어머니 꽃길 걸어오시듯
3월의 꽃잎 밟고 내게 오시듯

—〈어머니〉 전문

  1연에서 "어머니의 손은" "투박하기 그지없"지만 "불가능을 모르는" 손이다. '손'은 신체의 일부이지만 자식에 대한 깊은 사랑, "자애慈愛"의 환유적 표현이다. '투박'은 행동이 세련되지 못하고 둔함을 감각적으로 표현한 말. "자애로워 내 안 모두를 건사하시"는 책임감 강한 어머니를 화자는 보여 준다. '내 안'이란 '당신 품 안의 식구'로 의미를 확장해 생각할 수도 있다.
  2연은 '어머니의 손'이 하는 행위이다. '나'의 "등굣길에 먼저 나와" 기다리고 계시다가 은근히 "주머니에" "마음 한 장"을 넣어주며 "배곯지 마라. 배고프면 사 먹어라." 챙겨 주시던 어머니, 그 자애로운 건사를 보여 준다. 당신은 굶을지언정 자식은 챙겨 주시는 어머니의 손, 섬섬옥수가 아닐지라도 화자에게는 한없이 아름다운 손이다.

　3연은 마무리로, 어머니에 대한 그리움이다. 그 귓가의 음성, '배곯지 마라. 배고프면 사 먹어라.'하시며 '마음 한 장' 넣어 주시던 어머니의 투박한 손도 이제는 "따스한 손길"이다. 그 음성, 그 손길이 "문득 생각나" 화자는 "주머니에 손을 넣"어 본다. 금방이라도 어머니가 오실 듯하다. "어느새 어머니 꽃길 걸어오시듯/ 3월의 꽃잎 밟고 내게 오시듯" 그렇게 그 음성, 그 손길 만져지는 듯한 것이다.

　〈홍시〉는, 가끔 라디오에서 흘러나오는 나훈아의 노래, '홍시'를 통해 느끼는 심회. "뼈조차 무른" 어머니의 "희생과 헌신"을 만남을 노래한 작품이다. 〈이불 한 채〉에선 "한 땀 한 땀" 이불 시침질하다가 "바늘 잘 안 들어갈 땐 머릿기름 묻혀" 사용하시던 어머니의 바느질 습관을 만난다.

　어머니에 대한 애틋한 그리움은 누구에게나 있지만 그 그리움이 시인의 가슴에서 어떻게 승화되느냐에 따라 독자들의 반응은 달라진다. '투박한 자애' 정신의 발견은 〈2015년〉에서 "평생 누구한테 싫은 소리 한번 안 하시고 또 듣지 않으"며 산 아버지의 성품을 닮았다는 한우자 시인의 "종두득두"(《나무의 언어》, 88p) 정신에서 비롯한다.

4. 긍정의 모티프, 주변인의 삶

〈북면〉을 본다. '북면'은 화자에게 "언제나 고향인 듯 푸근"한 곳이다. '북면'은 흔한 지명이다. 군 소재지를 중심으로 방향에 따라 동면, 북면, 남면, 서면 등으로 행정구역을 나눈 탓이다. 따라서 우리는 '북면'을 고유성보다는 서민적 친근감을 가진 보통명사로 접근해야 한다. 〈북면〉은 농업인구가 중심이었으나 20여 년 전부터 도농복합지역으로 개발되면서 많은 인구가 유입하여 빠르게 도시화되고 있는 지역이다. 우리는 〈북면〉에서 소시민적 삶의 푸근한 행복을 만나본다.

>집으로 가는 길 행복했어요
>맑은 공기와 물, 산과 들
>언제나 고향인 듯 푸근하지요
>시내와 멀지 않고 고향의 정취 가득한데
>어떤 분은 왜 그 시골에서 사냐 했지요
>저는 흙냄새 맡으며 들길 걷고
>산과 들 마주하는 북면이 참 좋았어요
>고향 같아서 그랬나 봐요
>열린 마음 이웃과의 정
>온천수처럼 스미어요

봄 오면 아른아른 피어오르는 정

비 온 뒤 파릇한 쑥과 냉이 한창이지요

나물 캐는 여인들 평화 봄볕보다 따사해요

농사지은 채소와 감 늘 밝은 웃음으로

때론 현관 문고리에 걸어주신

옆집 사모님 사려와 친절

참 감사해요

—〈북면〉 전문

  우리는 위의 시를 통해 '북면'을 사랑할 수밖에 없는 화자의 진정성을 만나본다. '북면'은 주거 환경을 대유하는 장소 명사이다. 우리는 화자가 "시내"의 상대 개념인 '북면'에 살지만 건강한 전원적 삶을 향유하며 살아가는 행복한 북면 사람임을 수긍해야 한다. '시내'는 교육, 의료, 교통, 복지 등 주거 환경이 좋은 도시 중심 지역이다. 화자는 '북면'이 지리적으로 "시내와 멀지 않고" 정서적으로는 "고향의 정취"를 "가득" 누릴 수 있는 배경이어서 "집으로 가는 길이 행복"하다고 노래한다. 그 행복의 근거가 되는 소소함을 화자는 "맑은 공기와 물, 산과 들"이 "언제나 고향인 듯 푸근"함에서 찾고 있다. 따라서 이 '푸근'함은 전원생활을 통해 얻을 수 있는 내면적 심리를 감각적으로 표현한 말이다. '푸근함'은 '부드럽고 편안'함이다.

  "왜 그 시골에 사냐"고 말하는 "어떤 분"은 현대 문명의 편리성을 누리며 사는 실리적 도시형의 인물이다. '고향의 정취'는 이들에게 일시적 유희에 지나지 않는다. 마주하는 "산과 들"을 보고 "흙 냄새를 맡으며 들길"을 걸을 수 있는 여유를, "열린 마음으로 이웃과 나누는 정"이나 온천수처럼 스미는 정을 어찌 '어떤 분'이 누릴 수 있으랴. "아른아른 정겨운 들녘"에 봄이 오면 한창 "파릇한 쑥과 냉이", "봄볕보다 따사"한 "나물 캐는 여인들의 평화"를 이들이 어찌 느껴 함께할 수 있겠는가. "농사지은 채소와 감"을 늘 "밝은 미소"로 주거나 "때론 현관 문고리에 걸어주던 옆집 사모님"이 계시는 '북면'. 그 "집으로 가는 길"이 화자에게는 감사하고도 행복한 것이다. '채소와 감'은 인정人情의 대유어. '사모님'은 화자와 정을 나누며 사는 이웃 주민, 북면 사람이다. '사모님'은 '어떤 분'과 달리 전원생활을 누리며 이웃과 정으로 소통하는 긍정적 인물의 대유어이다. 우리는 정 깊은 북면의 삶을 노래한 화자의 소박한 행복과 감사하는 마음을 지나칠 수 없다.

 이 시에서 우리는 '어떤 분'과 '옆집 사모님'이란 말에 주목한다. 화자는 '혹자'라거나 '어떤 사람'이라 하지 않고 '어떤 분'이라 칭하고 '옆집 아주머니', '옆집 아낙'이 아닌 '옆집 사모님'이라 호칭하고 있다. 이 말을 통해 우리는 시인의 언어 교양을 엿보게 된다. 대상에 대한 시인의 따뜻한 시선은 시집 전반에 걸쳐 만날 수 있다.

 시인은 〈북면〉을 시작으로 대상을 차분히 관찰하여 생

의 근원적 힘을 찾아내는 작업을 하고 있다. 그가 만나는 내 이웃의 애환이나 노고는 전자 문명에 익숙한 우리들에게 정의 진정성을 알게 한다. 이로써 시인은 우리에게 긍정적 삶의 에너지를 맛보게 하고 나아가서 인간의 존엄한 가치까지 확인하게 한다.

사회의 이면에 관심을 가진 작품을 본다. 보통 사람의 삶을 관찰자적 시점으로 보여 줌으로 한우자 시인은 세계의 다양성을 확보하고 있다.

> 할머니 등에 진 배낭
> 뒤로 자빠질 것 같은데
> 그것도 모자라 네 개의 커다란 짐을
> 달천계곡 입구에서 실어 주시곤
> 애증의 미소 짓던 할아버지
> 소답시장 정류장에서 문이 열리자
> 세 개는 발로 걷어차 떨어뜨리고
> 세제 이름의 수레 어렵사리 내려놓고
> 뱉는 긴 한숨 길 위에 고꾸라져
>
> 보자기 사이로
> 검은 우산, 동그란 의자, 열무가 삐죽
> 노파는 잠시 하늘 보며 숨을 고르고
> 목에 건 잿빛 수건으로 연신 땀방울을

…… (후략) ……

　　　　　　　　—〈버스 안에서〉《나무의 언어》, 61p)

　〈버스 안에서〉를 먼저 본다. "달천계곡 입구"의 정류장에 버스가 정차할 때 화자가 버스에서 본 창밖의 풍경을 보여 주는 작품이다. 화자는 관찰자 역할만 할 뿐 주체의 행위나 감정의 변화 등에 대한 진술을 일체 생략하고 있다. 화자가 상황에 개입하지 않아도 이른 아침 마을버스를 타고 시장에 가는 억척스러운 할머니들을 우리는 주목할 수밖에 없다. 2연 구성 중 1연을 먼저 본다.

　승차 장면과 하차 장면을 함께 묶어 놓고 있다. 화자는 제일 먼저 할머니가 진 배낭에 주목한다. "뒤로 자빠질 것 같"은 할머니의 배낭은 짐의 부피가 기준 이상이며 지고 가야 할 사람살이의 무게가 만만치 않음을 암시하는 수사이다. 그뿐만 아니다. 할머니에게는 배낭 말고도 할아버지가 실어 준 "네 개의 커다란 짐"이 더 있다. 이것은 할머니가 해결해야 할 노동의 양, 삶의 무게이다. 화자는 할아버지의 모습을 지나치지 않는다. 그 많은 짐보따리를 할머니에게 맡긴 미안함을 화자는 할아버지의 미소에서 찾아낸다. "애증의 미소"를 읽어 낸 것이다. 화자가 놓치지 않은 미소를 '애증'이라 함은 계면쩍은 웃음으로 볼 수도 있겠다. 그 많은 짐을 할머니에게만 맡기는 가장으로서의 미안함과 사랑의 감정을 화자는 '애증'이라는 말로 대신하였으

리라. 할아버지는 잠깐 등장하는 엑스트라로 처리. 미소만 클로즈업. 1연 5행을 서술어 없이 마감하고 금방 장면 전환한 속도감은 탄력의 효과, 팽팽한 긴장감은 할머니의 동작에서 확인된다. 어느새 버스가 소답시장 정류장에 닿아 출입문이 열리자 할머니답지 않게 "세 개는 발로 걷어차 떨어뜨"린 것이다. 상황에 재빠르게 대처하는 노련한 할머니 모습에서 우리는 강인한 생명력을 발견한다. 뿐만 아니다. 무거운 배낭을 메고도 "세제 이름의 수레"까지 가져왔나 보다. "뱉는 긴 한숨 길 위에 고꾸라져"에서 화자는 할머니가 이동의 일시적 마감에서 오는 긴장 완화로 후련한 날숨을 뱉지만 아직 허리를 꼿꼿하게 펼 수 없는 상황임을 보여 주고 있다. '고꾸라지다'는 '(사람이) 고부라져 쓰러지다'는 뜻이다. 따라서 '고꾸라져'는 할머니가 가지고 온 짐이나 나이(?)로 짐작건대 노동의 척도가 가볍지 않음을 보여 주는 시어이다. 어미 '-져'가 주는 계속성은 할머니의 노동에 대한 불안이다.

  2연을 본다. 할머니가 궁금하다. '소답시장 정류장'에 할머니는 왜 무거운 배낭을 메고 '네 개의 커다란 짐'을 발로 차 내린 후 '세제 이름의 수레를 어렵사리 내려 놓'는 것일까? "보자기 사이로/ 검은 우산, 동그란 의자, 열무가 삐죽" 나와 있다. 아하! 짐마다 다른 물건이 들어 있을 테지만 할머니는 손수 농사 지은 '열무'와 푸성귀를 할아버지와 밤새도록 다듬어 소답시장에 팔려고 나온 모양이다. '소답시장 정류장에서 문이 열리자' '세 개는 발로 걷어차 떨어뜨'려 내려놓고 수레에 실은 다른 짐까지 '어렵사리 내려놓'는 익숙한 행동은 한두 번 한 동작이 아니다. 할머니는 아마도 소답시장 어느 한 난전에 '검은 우산'을 펼쳐 놓고 '동그란 의자'에 앉아 종일 푸성귀를 팔 것이다. '우산'과 '의자'와 '삐죽' 나온 '열무'는 소답시장에 많은 짐을 가지고 온 할머니의 행위를 유추하도록 시인이 의도적으로 풀어 놓는 도구. "잠시 하늘을 보고 숨을 고르"는 할머니의 모습은 생활의 전장으로 나서기 직전의 결연한 의지, 숨 고름은 다짐이다. 할머니는 수건까지 목에 걸고 있다. 그것도 잿빛 수건이다. 흰 수건이 아니다. '잿빛 수건'은 연신 흘리는 땀방울을 닦는 수건이다. 얼마나 많은 땀을 닦아야 수건이 잿빛으로 변할까. 화자는 버스 안에서 본 할머니의 모습을 통해 무엇을 말하려 하였을까? 시골 버스에서 만나는 푸성귀나 파는 할머니의 초라한 모습을 보여 주고자 하는 것이 아닐 테다. 강인한 인간의 생명력을 할머니를 통해 만난다. 늙어서도 자식에게 기대지 않는 자립성과 근면성은 노인의 자존심이다. 노인의 삶은 현대 사회에서 반드시 짚고 넘어가야 할 문제이다. 〈노부부〉가 살아가는 방법을 본다.

매일 아침
꽃모자에 분홍 저고리 입고

함께 기다리다가 어른이 유치원 차에
춤추듯 올라타시고
할아버진 젊은 여성 기사님에게

"고맙습니다."
"날도 추운데 고생이 많습니다."

꼭 우리 아이들 어렸을 적
내가 유치원 차에 태우던 마음
할아버진 차가 안 보일 때까지
나이 든 아가에게 손을 흔드신다
그 옛날 내가 그랬던 것처럼

―〈노부부〉 전문

  노부부의 아침은 딱한 오늘의 풍속화이다. 화자는 대상과 근거리에 있는 '나'. 콧등 찡한 사랑의 메시지 아닌가.
  노부부가 함께 사나 보다. 할머니는 매일 아침 "어른이 유치원"에 등교하나 보다. '어른이 유치원'은 노인들을 보호하는 위탁 시설이다. 흔히 '노치원'이라 하지만 시인은 '어른이 유치원'이라 하고 있다. '어른이'는 어른과 어린이의 합성어. "꽃모자에 분홍저고리 입"고 버스에 "춤추듯 올라타"는 할머니의 모습은 분명 희화적이다. 할아버지는 버스 기사에게 고맙다는 인사를 한다. 할아버지의 인사는 진정에서 우러나온 인사이다. 화자는 "차가 안 보일 때까지 나이든 아가에게 손을 흔드시는" 할아버지의 모습에서 "꼭 우리 아이들 어렸을 적/ 내가 유치원 차에 태우던 마음"을 읽는다. "그 옛날 내가 그랬던 것처럼" 할머니를 사랑하는 할아버지의 마음, 비록 연로하지만 노년을 함께하는 부부간의 거룩한 사랑을 영상으로 보여주고 있다. 화자와 할아버지는 둘 다 세상을 밝게 살아가는 긍정적 인물이다.

〈8시 30분〉(《나무의 언어》, 60p)은 "출근길 어느 회사 앞/ 수위복 입은 아저씨"를 통해 "우리네 부모님들의 목숨 건 헌신"을 보여 주는 작품이다. 시인은 "아슬아슬하게 차도까지 나와" "삶과 죽음의 경계에서"도 "용맹하고 절도있"게 거수경례를 하며 직원들의 출근길을 힘차게 맞는 "충성"의 "부동자세"를 보여 준다. "콧물 훔치고 새빨간 귀 감싸며/ 자리로 들어가는 구부정한 어깨"에서 '콧물'과 '새빨간 귀'는 근무 환경의 외적 시련이며 '구부정한 어깨'는 소시민의 안타까운 모습을 보여 주는 말이다. 이를 극복하며 맡은 임무에 충실해 온 '수위복 입은 아저씨'에 대한 이해는 우러를 만한 우리네 아버지의 모습으로 전이된다. 직업에 귀천은 없다. 아침 출근길의 직원들에게 사기를 북돋워 주며 맡은 바 책임을 다하는 수위의 모습에서 우리는 "목젖에" "감동과 존경"의 마음이 "차올라"도 좋다.

〈북면〉에서 만난 '옆집 사모님', 〈버스 안에서〉 만난 무거운 배낭을 등에 진 '할머니'와 애증의 미소를 짓던 할아버지, 매일 아침 할머니의 등교를 도우며 운전기사에게 고맙다는 인사를 하는 할아버지, 직원들의 출근길 교통 지도를 하는 수위 아저씨들은 주변적 인물이지만 긍정적 사고를 가지고 현실에 적응하며 살아가는 긍정적 인물들이다. 이들의 삶을 시인은 관찰적 입장을 견지하며 우리들에게 담담히 보여 주는 것으로 감동의 결을 일게 한다.

5. 웃음과 온기를 나누어 가져야

> 오늘 도서관에서 아이들에게 읽어준
> 황K 그림책 '아빠 얼굴'
> 독후활동 하려는데 대여섯 살쯤 된
> 유난히 창백한 여자아이가
> "근데 저 아빠 없어요" 크게 말했다
> 아이들과 부모님 모두 내색지 않으려 애쓰지만
> 꿈나무 방에 꽤 오래 정적이 흘렀다
> 나도 조용히 말을 삼켰다
> '부끄러운 일 아니니 슬퍼 마라 가족 형태는 다양하다
> 물론 엄마 아빠가 다 계시기도 하지만 여러 사정으로
> 어떤 친구는 아빠만, 또 어떤 친구는 엄마 아빠가 다
> 안 계시기도 한데 엄마가 계시니 얼마나 다행이니'

꿈을 갖고 씩씩하게 크란 말도 하지 못했다
아이의 목소리 크고 주저 없어 위안이지만
아빠 안 계시다고 아파하지 말란 말은
잔인해서 차마 못 했다 그 어린 가슴에게

—〈아빠 얼굴〉 전문

"근데 저 아빠 없어요." 아빠 없는 여자아이의 목소리에 가슴이 찡하다. 시〈아빠 얼굴〉은 일러스트 황K라는 작가가 지은 유아용 그림책《아빠 얼굴》을 교재로 아이들을 지도하는 구연동화 시간의 체험을 소재로 한 작품이다. 도서관 "꿈나무방"은 공간적 배경. '아이들의 꿈을 키워 무르익게 한다는 희망적 이미지. 꿈나무방 아동들의 연령은 네댓 살 정도. 교사는 그림책 '아빠 얼굴'을 읽어준 뒤 독후활동으로 아이들에게 아빠 얼굴을 그려 보자고 한다. 이때 뜻밖의 상황이 일어난다. "유난히 창백한 여자 아이"가 자기는 아빠가 없다고 말한다. "꿈나무 방에 꽤 오래 정적이" 흐르는 분위기는 상황 극복을 위한 숨고르기이다. 교사는 아이가 기죽지 않도록 이 상황을 극복해야 한다. 아버지 없음이 아이의 죄는 아니다. '나'는 아이에게 조용히 말한다. "부끄러운 일 아니니 슬퍼 마라 가족 형태는 다양하다 물론 엄마 아빠가 다 계시기도 하지만 여러 사정으로 어떤 친구는 아빠만, 또 어떤 친구는 엄마 아빠가 다 안 계시기도 한데 엄마가 계시니 얼마나 다행이니" "삼켰다"는 말은 안타까운 심리적 반응에서 비롯한 서술어이다. 2연 "아이의 목소리 크고 주저 없"음은 아름다운 결말이다. 유아 교육 중에 일어난 에피소드이지만 그냥 지나칠 일은 아니다. 요즈음 세태의 일단을 보여 주는 시이다. 이 작품은 〈돌봄교실에서〉(《나무의 언어》, 82p)의 명쾌한 분위기와 다르다.

　　자그마한 키에
　　주변엔 눈길조차 안 주고
　　오직 앞만 보는 여자
　　새들 노래하고 나뭇잎 내려도
　　동요 없는 무표정 속 냉랭함
　　매일 새벽기도하고 오는 여인

　　고독한 순례자 같은 발걸음엔 눈이 가지만
　　꼭 다문 입, 내려 깐 속눈썹, 늘 똑같은 표정
　　꽃과 나무에게 눈길 주어도 좋을 텐데
　　세상을 향하여 미소 지어도 좋을 텐데
　　그 차가운 마음의 기도 하늘에 닿을지

　　길에서 우연히 만나면
　　'웃게 하소서'
　　'온기 지니게 하소서'

그녀를 향한 나의 속엣말

―〈그 여자〉 전문

　〈그 여자〉에서 시인은 더불어 사는 사람의 모습을 보여주려 하고 있다. "그 여자"는 외물에 무관심한 '여인'이다. "주변에 눈길조차 안 주고 오직 앞만 보는 여자"는 "새 노래하고 나뭇잎 내려도/ 동요 없는 무표정 속 냉랭함"을 견지하는 여인이다. '새 노래'와 '나뭇잎 내'림은 '주변', 자연현상 곧 외물의 변화이다. 이런 외물의 변화에도 '동요 없는 무표정 속 냉랭함'은 무관심이다. 냉정한 현대인의 표정이다. 그런데 이 여인은 "매일 새벽기도"를 하고 오는 것이다. 대상에 대한 화자의 관심은 더 깊어진다. "고독한 순례자 같은 발걸음엔 눈이 가지만/ 꼭 다문 입, 내려 깐 속눈썹, 늘 똑같은 표정"이 안타깝다. 이런 무관심한 여인의 기도가 하늘에 닿을지 화자는 염려스럽다. 여인에 대한 화자의 염려는 안타깝다. "꽃과 나무에게 눈길 주어도 좋을 텐데/ 세상을 향하여 미소 지어도 좋을 텐데/ 그 차가운 마음의 기도 하늘에 닿을지" '꽃과 나무에 눈길'을 주는 것은 자연, 외물에 대한 관심이다. 화자는 '여인'을 통해 현대인의 무관심에 경종을 울린다.
　3연에 하는 화자의 "속엣말"은 신에게 하는 화자의 기도이다.

6. 당신은 은유로 빛나는 희망

> 온실 같은
> 앞 베란다에서
> 발끝을 보며
> 한 번이라도
> 달콤한 햇살이었는지
>
> 거리의 아이에게 양말을
> 지나가는 사람에게 붕어빵을
> 해바라기하는 노인에게 핫팩을
>
> 따스한 인간미
> 태양의 온기
> 당신은 봄
>
> ―〈당신은 봄〉 전문

〈당신은 봄〉, 은유로 빛나는 희망이다. '당신'은 누구인가? 비유의 이면을 밝혀본다. '당신'은 음지의 삶에 무관심한 존재이지만 얼마든지 "따스한 인간미"를 지닐 수 있는 봄 같은 존재이다. 당신은 곧 우리들 누구라도 좋다. "온실 같은 앞 베란다"는 '당신'의 환경, 부족함 없이 사는 당신의 상황이다. "발끝"은 낮고 음습한 곳, 삶의 혜택을 누리지 못하는 처지. "달콤한 햇살"은 복합 감각적 표현으로, '발끝'과 상대적 이미지이다. 따라서 1연은 반성적 성찰의 목소리가 내포된 연이다. 시인은 '베란다'의 삶과 '발끝'의 삶을 대비하여 '햇살' 같은 역할을 희망하고 있다.

  2연에서 우리는 '당신'의 실체에 더 접근할 수 있다. "거리의 아이", "지나가는 사람", "해바라기하는 노인"은 현대 사회에서 소외된 인물들이다. 서술어가 생략되어 있지만 이는 우리들이 완성해서 이해하면 된다. 독자 참여를 위한 시인의 배려이다. 서술어를 생각해 보자. '주어 보았는가'라는 서술어로 문장은 이루어진다. "양말", "붕어빵", "핫팩"은 '아이', '사람', '노인'에 대한 사랑의 선물이다. 일회성 나눔이 아닌 일상적 소통을 위한 매개물이어야 한다. 이들에 필요한 것은 3연의 "따스한 인간미"이며 "태양의 온기"이다. 소외 계층에 대한 지속적 관심을 가질 때 당신은 진정한 "달콤한 햇살"이 될 것이다. '따스한 인간미'의 상징은 '봄'이다. '따스한 햇살', '따스한 인간미', '태양의 온기'는 촉각적 이미지이다.

  〈당신은 봄〉에서 '당신'은 소외인들과 사랑을 나누어 가지는 존재이며 '봄'은 우주만물이 소생하는 활력 넘치는 따스한 계절이다. 이 작품에서 시인은 대상의 확대는 물론 공동체적 삶의 추구라는 명제까지 예고하고 있다.

    삼월이 백일 된 아기라면

사월은 걸음마하는 돌쯤 된 아기
오월은 혼자서도 잘 걷는 서너 살
유월은 통통 뛰는 예닐곱
칠팔월은 초록의 절정, 씩씩한 어린이

그중 사월의 초록은
넘어져 울까 봐
미리 가슴으로 안고마는
실핏줄 비치는
여리디여린
연하디연한 빛

―〈초록의 나이〉 전문

 위에 인용한 작품은 표제작이다. '초록'은 푸나무나 인간의 생명력을 표상하는 상징적 색채이기도 하다. 지구의 대부분을 초록이 지배한다고 해도 과언이 아니다. '초록'은 우리들에게 가장 친근하고 평온한 색이면서도 근원적 생명의 원시성을 상징하는 색채이며 힘이다. 시인은 초록을 의인화하여 채도彩度에 따른 나이를 분별하여 밝히고 있다. 이를 통해 우리는 초록에 대한 시인의 무한 애정을 공감하게 된다.
 연둣빛 잎눈에도 채도상 미세한 차이가 있을 테지만 "삼월"이라는 1차적 단위로 묶어 "백일 된 아기"라 하고 있다.

이어 "사월은 걸음마하는 돌쯤 된 아기/ 오월은 혼자서도 잘 걷는 서너 살/ 유월은 통통 튀는 예닐곱/ 칠팔월은 초록의 절정, 씩씩한 어린이"로 점층적 과정을 거치고 있다. 이러한 시인의 초록에 대한 애정은 유치원 교사로, 동화구연가로 다년간 사회에 봉사한 시인의 체험과 자연과의 교감에서 오는 자연 친화적 태도에서 비롯함이겠다. 초록 중에서도 눈록, 연록, 담록은 삼사월에 이루어진다. 신록으로 가는 때가 바로 이 무렵, 사월이다. 시인은 2연에서 사월을 노래하고 있다. 시인은 연록의 이파리에 형성된 잎맥의 "실핏줄 비치는/ 여리디 여린/ 연하디 연한 빛"에서 '걸음마하는 돌쯤 된 아기'가 "넘어져 울까 봐/ 미리 가슴으로 안고 마는" 애틋한 모성애를 실감나게 보여 준다. 우리는 〈초록의 나이〉에서 만난 이러한 모성애는 자연과의 교감으로 이루어진 티 없이 맑은 시심의 발현임을 안다. 이 시에서 만난 시인의 세계는 맑고 아름답다. 마지막 시행 '빛'은 연록, 바로 희망의 빛. 티 없이 맑고 아름다운 순수미이다. 〈초록의 나이〉를 통해 시인은 세계의 정화를 희망하고 있다. 투명한 세계에 대한 바람, 모성애로 극복하고자 하는 시인의 기도를 본다.

  지금까지 한우자 시인의 시 세계를 살펴보았다. 한우자 시인의 시는 부담없이 읽히는 시이다. 언어유희나 애매성을 지양하고 보편적 체험의 여과로 그린 그리움의 정서는 한우자 시의 건강한 자양분이 되고 있다. 그의 시에서 보여 준 인간의 삶은 공평하다. 비록 투박한 언어로 쓴 시이지만 삶의 진정성은 오래 가슴에 여운을 남긴다. 한우자 시인의 시에는 악으로부터 상처받은 인물은 없다. 개발로 서서히 사라져 간 고향, 절절한 사친의 노래, 소시민의 치열한 삶의 방식과 감사하는 생활, 자연과의 합일을 통해 분절된 세계를 통합하고 현대 사회의 분열과 소외를 극복하기 위한 대안 모색, 자연과의 교감에서 오는 자연 친화적 태도 등은 건강한 상상력의 발현에 다름 아니다. 따라서 한우자 시의 출발은 긍적적 모티프이다. 그는 기능공처럼 익숙하고 미려한 시어로 쓴 시를 거부한다. 앞으로 그는 우리 시대가 필요로 하는 공감과 연대의 윤리를 구현할 시로 우리 앞에 당당히 설 것이다.

경남시인선 250

초록의 나이
한우자 시집

펴낸날　　2025년 10월 17일

지은이　　한 우 자
펴낸이　　오 하 룡
펴낸곳　　도서출판 경남

주소　　창원시 마산합포구 몽고정길 2-1
연락처　　(055)245-8818, fax.(055)223-4343
블로그　　gnbook.tistory.com
이메일　　gnbook@empas.com
등록　　제1985-100001호(1985. 5. 6.)
편집팀　　오태민 | 심경애 | 구도희

ISBN　　979-11-6746-201-5-03810

ⓒ한우자

＊잘못된 책은 바꿔 드립니다.
＊저자와 협의 인지 생략합니다.

＊이 책은 한국예술인복지재단의 예술활동준비금지원을 받아 발간되었습니다.

〔값 12,000원〕